**Till Winter**

# Das Libet-Experiment, die Willensfreiheit und deren Bedeutung für die Pädagogik

GRIN Verlag

**Bibliografische Information der Deutschen Nationalbibliothek:**

Die Deutsche Bibliothek verzeichnet diese Publikation in der Deutschen National-
bibliografie; detaillierte bibliografische Daten sind im Internet über http://dnb.d-
nb.de/ abrufbar.

**Impressum:**

Copyright © 2013 GRIN Verlag GmbH
Druck und Bindung: Books on Demand GmbH, Norderstedt Germany
ISBN: 978-3-656-49062-3

**Dieses Buch bei GRIN:**

http://www.grin.com/de/e-book/232421/das-libet-experiment-die-willensfreiheit-
und-deren-bedeutung-fuer-die

**GRIN - Your knowledge has value**

Der GRIN Verlag publiziert seit 1998 wissenschaftliche Arbeiten von Studenten, Hochschullehrern und anderen Akademikern als eBook und gedrucktes Buch. Die Verlagswebsite www.grin.com ist die ideale Plattform zur Veröffentlichung von Hausarbeiten, Abschlussarbeiten, wissenschaftlichen Aufsätzen, Dissertationen und Fachbüchern.

**Besuchen Sie uns im Internet:**

http://www.grin.com/

http://www.facebook.com/grincom

http://www.twitter.com/grin_com

# Das Libet-Experiment, Willensfreiheit und deren Bedeutung für die Pädagogik

### Universität zu Köln
### Humanwissenschaftliche Fakultät
### WS 2012/13

**Seminar:**  Freiheit und Erziehen

**Studiengang:**  BA Lehramt Sonderpädagogik

**Datum:**  26. März 2013

# Inhaltsverzeichnis

**1 Einleitung**     **2**

**2 Das Libet-Experiment**     **3**

  2.1 Vorüberlegungen . . . . . . . . . . . . . . . . . . . . . . . . . . 3

  2.2 Durchführung und Ergebnisse des Experiments . . . . . . . . . . . . . . 4

  2.3 Interpretation der Ergebnisse . . . . . . . . . . . . . . . . . . . . 6

**3 Willensfreiheit und Pädagogik**     **7**

  3.1 Dilemma zwischen Willensfreiheit und Erziehung . . . . . . . . . . . . 7

  3.2 Diskussion verschiedener Freiheitsbegriffe . . . . . . . . . . . . . . 8

**4 Fazit**     **11**

**Literatur**     **13**

# 1 Einleitung

Thema dieser Arbeit ist das Libet-Experiment im Kontext der Annahme der Willensfreiheit und den sich daraus ergebenden Konsequenzen für Pädagogik und Erziehung.

Im ersten Teil der Arbeit wird zunächst das Libet-Experiment als Grundlage für die weiteren Überlegungen skizziert. Dabei werden die ausgehende Fragestellung, der Aufbau und die Durchführung des Experimentes sowie Benjamin Libets Interpretation der Ergebnisse dargestellt. Darüber hinaus erfolgt eine kurze Diskussion bezüglich der Interpretation der Ergebnisse von Wissenschaftlern verschiedener Fachrichtungen. Hierbei kristallisiert sich insbesondere die Ansicht führender Hirnforscher heraus, die den Standpunkt vertreten, dass Menschen als vollständig determiniert anzusehen seien und Willensfreiheit eine reine Illusion sei.

Im zweiten Teil soll der Frage nachgegangen werden, welche Konsequenzen sich aus Überlegungen zur Willensfreiheit für die Erziehung beziehungsweise für die Pädagogik ergeben. Hierbei wird als Ausgangsproblematik zunächst das Dilemma beschrieben, welches sich ergibt, wenn man von der traditionellen Definition von Erziehung und Willensfreiheit ausgeht. Dieses lautet:

> „Insofern der Mensch willensfrei ist, kann er nicht erzogen werden. Wenn er aber erziehbar ist, kann er nicht als frei bezeichnet werden."

> (Giesinger, 2010, S. 421)

Abschließend werden verschiedene Begriffe von Freiheit und Erziehung untersucht, um die Frage zu beantworten, ob es möglich ist, das Dilemma zu lösen und die Annahme der Willensfreiheit mit der Erziehung in Einklang zu bringen. Abschließend werden die Ergebnisse in einem kurzem Fazit diskutiert.

# 2 Das Libet-Experiment

## 2.1 Vorüberlegungen

Ausgangspunkt des Libet-Experimentes waren frühere Versuche von Hans Helmut Kornhuber und Lüder Deecke. Diese konnten zeigen, dass sich vor einfachen Hand- oder Fußbewegungen ein Hirnpotential aufbaut, welches sie als Bereitschaftspotential bezeichneten. Der Aufbau dieses Potentials findet ungefähr eine Sekunde vor der eigentlichen Handlung statt (vgl. Kornhuber und Deecke, 1965).

Der allgemeinen Ansicht über bewusste Absicht und freien Willen zufolge würde man erwarten, dass eine bewusste Handlungsabsicht vor dem Bereitschaftspotential, welches die Handlung auslöst, auftritt. Libets Wahrnehmung zufolge war dies jedoch unwahrscheinlich. Seinem Empfinden nach war es nicht der Fall, dass die Zeitspanne, die zwischen einer bewussten Handlungsabsicht und ihrer Ausführung liegt, größer als 550 Millisekunden ist. Dies würde bedeuten, dass das Bereitschaftspotential zeitlich vor der bewussten Handlungsabsicht auftritt und nicht umgekehrt. Der zeitliche Ablauf von bewusster Handlungsabsicht und dem Aufbau des Bereitschaftspotentials erschien Libet daher von fundamentaler Bedeutung für das Verständnis des freien Willens (vgl. Libet, 1999, S. 49).

Die Frage hinsichtlich der Existenz des freien Willens ist nach Libet bedeutend für die Thematik, ob Menschen vollständig durch die Gesetzte der Physik determiniert sind und es sich bei ihnen letztlich nur um sehr komplexe Automaten handelt oder ob sie doch unabhängige Wahlmöglichkeiten hinsichtlich ihrer Handlungen haben. Aus diesem Grund entwickelte er das viel diskutierte Libet-Experiment, mit dem er die Frage „Haben wir einen freien Willen?" untersuchen wollte (vgl. Libet, 1999, S. 47). Für sein Experiment suchte Libet eine Definition des „freien Willens", welche der allgemeinen Ansicht entsprechend sollte. Dafür legte er folgende Bedingungen fest:

1. Es sollte keine äußeren Anreize geben, die das Auftreten der freien Handlung beeinflussen.

2. Die Versuchspersonen sollten das Gefühl haben frei zu bestimmen, ob und wann

sie eine Handlung ausführen.

(vgl. Libet, 1999, S. 47)

Ziel des Libet-Experimentes war es den zeitlichen Ablauf des Einsetzens der bewussten Handlungsabsicht, des Aufbaus des Bereitschaftspotentials und der ausgelösten Handlung zu ermitteln. Um dieses Ziel zu erreichen war es notwendig die genauen Zeitpunkte der jeweiligen Ereignisse während des Experimentes zu bestimmen. Für die Messung des Zeitpunktes, zu dem die bewusste Handlungsabsicht einsetzt, wählte Libet die Verwendung einer Oszilloskop-Uhr (vgl. Libet, 1999, S. 49). Libet verfolgte mit seinem Experiment ausdrücklich das Ziel die Willensfreiheit zu beweisen (vgl. Roth, 2004, S. 219).

## 2.2 Durchführung und Ergebnisse des Experiments

Die Versuchsanordnung des Libet-Experimentes gestaltete sich relativ einfach. Die Probanden sollten innerhalb einer vorgegebenen Zeitspanne nach eigenem Wunsch einen Finger bzw. das Handgelenk der rechten Hand bewegen (vgl. Speck, 2009, S. 36). Durch das Experiment sollte der zeitliche Ablauf vom Aufbau des Bereitschaftspotential, des bewusst Werdens der Handlungsabsicht und des Zeitpunktes der Handlung bestimmt werden. Zu diesem Zweck war es das Ziel während der Versuchsdurchführung die Zeitpunkte zu denen die jeweiligen Ereignisse auftreten exakt zu bestimmten (vgl. Libet, 1999, S. 49).

Die Messung des Zeitpunktes, zu dem sich das Bereitschaftspotential aufbaut, erfolgte mit Hilfe eines EEGs (Elektroenzephalogramm) an der Kopfhaut. Der Beginn der Muskelaktivität wurde mit Hilfe eines EMGs (Elektromyogramm) registriert (vgl. Speck, 2009, S. 36 f). Die Messung des Zeitpunktes, zu welchem der Versuchsperson der Handlungswille bewusst wird, gestaltete sich ein wenig komplizierter. Libet verwendete eine Oszilloskop-Uhr, auf der mit einer Umlaufzeit von 2,56 Sekunden ein Punkt rotierte. Die Versuchspersonen sollten sich die Position des Punktes auf der Oszilloskop-Uhr für den Zeitpunkt merken, zu dem ihnen die Handlungsabsicht bewusst wurde. Zur Überprüfung der Genauigkeit der Methode wurden die Probanden einer leichten elektrischen Stimulation ausgesetzt und sollten mit Hilfe der Oszilloskop-Uhr den Zeitpunkt der Stimulation bestimmen. Dabei traten Abweichungen von 50 Millisekunden zur objektiven Stimulationszeit auf(vgl. Libet, 1999, S. 50 f).

Im eigentlichen Experiment wurde der Zeitpunkt des Aufbaus des Bereitschaftspotentials dann durch die Mittelung der Messungen aus 40 Versuchsdurchführungen gewonnen, bei denen die Versuchsteilnehmer jeweils zu einem selbst gewählten Zeitpunkt eine willkürliche Bewegung des Handgelenkes ausführten. Nach jeder Durchführung des Versuches teilten die Versuchsteilnehmer den Zeitpunkt W mit, der der Position auf der Uhr entsprach, bei der ihnen die Handlungsabsicht bewusst wurde (vgl. Libet, 1999, S. 49 f).

Die gemittelten Ergebnisse der Ausführungen des Experimentes sind in Abbildung 1 dargestellt. S stellt den Zeitpunkt der Muskelaktivität, gemessen durch das EMG, dar und wird als Zeitpunkt 0 gewählt. Die anderen Ereignisse werden in Relation zu S dargestellt. W stellt den Zeitpunkt dar, den die Versuchspersonen für das bewusst Werden der Handlungsabsicht angeben. Dieser tritt im Schnitt 200 Millisekunden vor der Handlung ein. Beim Aufbau des Bereitschaftspotentials werden zwei Fälle unterschieden. Die Fälle, in denen die Versuchspersonen vor dem Experiment bereits Überlegungen über den Zeitpunkt ihrer Handlung angestellt hatten, und die, in denen sie dies nicht getan hatten. Im Falle der vorherigen Überlegungen (RP I) baute sich das Bereitschaftspotential bereits 1 Sekunde vor der Handlung auf, im Falle ohne diese Überlegungen (RP II) baute es sich 550 Millisekunden vor der Handlung auf. Korrigiert man den Zeitpunkt W um den aus

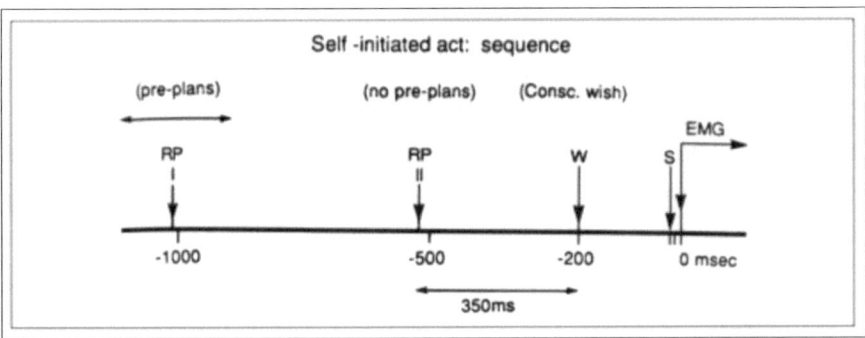

**Abbildung 1:** Zeitlicher Ablauf der Ereignisse beim Libet-Experiment (Libet, 1999, S. 51)

5

der Verwendung der Oszilloskop-Uhr resultierenden Fehler von 50 Millisekunden von 200 auf 150 Millisekunden, so baut sich das Bereitschaftspotential ungefähr 400 Millisekunden vor dem bewusst Werden der Handlungsabsicht auf. Diese zeitliche Abfolge ergab sich in allen Versuchsdurchführungen und für alle neun Versuchspersonen (vgl. Libet, 1999, S. 50 f).

Diese Ergebnisse führten Libet zu der Frage, ob der bewusste Wille bei Handlungen, die im Gehirn scheinbar unbewusst eingeleitet werden, überhaupt eine Rolle spielt. Nach Libets Deutung sind die 150 Millisekunden, die zwischen dem bewusst Werden der Handlungsabsicht und der Ausführung der Handlung liegen, lang genug, dass der bewusste Wille einen Einfluss auf die ausgeführte Handlung nehmen kann. Dabei beschrieb er die Möglichkeit, dass der bewusste Wille eine Handlung verhindern könne. Er bezeichnete dies als die Veto-Möglichkeit des bewussten Willens. Nach der Ausführung des Experimentes beschrieben Versuchsteilnehmer, dass sie dem spontanen Drang eine Handlung auszuführen nicht nachgaben und so ihr bewusster Wille ein Veto einlegte (vgl. Libet, 1985, S. 538 und Libet, 1985, S. 52 f).

Libet interpretierte die Vetomöglichkeit dahingehend, dass der „freie Wille" die Wahl bedeute eine unbewusst eingeleitete Handlung zuzulassen oder zu verhindern (vgl. Libet, 2003, S. 25).

## 2.3 Interpretation der Ergebnisse

Es ist Gegenstand kontroverser Diskussion, inwieweit die Ergebnisse des Libet-Experiments sowie die der darauf aufbauenden Experimente (vgl. Haggard und Eimer, 1999) als empirischer Beleg der Willensfreiheit anzusehen sind.

Die Ausführung des Experimentes wird insofern kritisiert, dass die Versuchsanordnung gar nicht dazu geeignet sei den freien Willen zu belegen. Dabei wird angeführt, dass gar keine Handlungen im eigentlichen Sinne untersucht würden (vgl. Habermas, 2007 nach Zunke, 2008, S. 111) und auch der im Experiment bestimmte Zeitpunkt der bewusst werdenden Handlungsabsicht zumindest nicht der einzige sei, zu dem die Entscheidung gefällt wird. Schließlich hätten sich alle Probanden zur Teilnahme am Experiment bereit erklärt und so schon im Vorfeld die Entscheidung getroffen innerhalb eines festen Zeitrahmens eine Handlung auszuführen (vgl. Zunke, 2008, S. 111 f).

Dem stehen führende Hirnforscher wie Gerhardt Roth, Wolf Singer und Wolfgang Prinz gegenüber, die es als widerlegt ansehen, dass Menschen in ihren Handlungen und Entscheidungen frei sind. Roth (2004) führt dabei an, dass das Libet-Experiment nicht nur durch die Experimente von Haggard und Eimer bestätigt wurde, sondern dass auch viele weitere Erkenntnisse der Neurophysiologie und Neurologie in dieses Bild passen. Auch Wolfgang Prinz vertritt mit seiner Aussage

> „Für die Idee des freien Willens ist in der wissenschaftlichen Psychologie kein Platz"

> (Prinz, 2004, S. 198)

einen ähnlichen Standpunkt. Schließlich spricht auch Singer (2004) von der

> „Gewißheit, daß unser Wollen und Entscheiden auf neuronalen Vorgängen im Gehirn beruht"

> (Singer, 2004, S. 30).

Im folgenden Abschnitt sollen nun die Konsequenzen, die sich aus der Annahme der Willensfreiheit für die Pädagogik bzw. die Erziehung ergeben, diskutiert werden.

# 3 Willensfreiheit und Pädagogik

## 3.1 Dilemma zwischen Willensfreiheit und Erziehung

Aus Sicht der Pädagogen stellt sich hinsichtlich der Willensfreiheit die Frage, ob der Mensch als willensfreies Wesen überhaupt erziehbar ist (vgl. Giesinger, 2010, S. 422). Nach Giesinger (2006) ist Erziehung in der Hinsicht zu verstehen, dass sie sich auf werdende Personen richtet und darauf abzielt, dass diese traditionelle Erziehungsziele wie

Willensfreiheit, Autonomie oder Mündigkeit erreichen.

Mit diesen Definitionen ergibt sich bei der Frage der Vereinbarkeit von Erziehung und Willensfreiheit folgendes Dilemma. Ist der Mensch willensfrei, so kann er nicht erzogen werden. Ist der Mensch aber erziehbar, so kann er nicht als frei bezeichnet werden (vgl. Giesinger, 2010, S. 422).

Dieses Dilemma ist folgendermaßen zu verstehen. Wenn es keine Willensfreiheit gibt, so beschränkt sich Erziehung auf die bloße Konditionierung des Gegenübers auf bestimmte Verhaltensweisen ohne dass dieses über eine rationale Kontrolle des eigenen Verhaltens verfügt. In diesem Fall kann aber nicht mehr von Erziehung im pädagogischen Sinne gesprochen werden, da erzieherisches Handeln das Gegenüber zu autonomen Handlungen führen soll (vgl. Giesinger, 2006, S. 3). Ist der Mensch jedoch willensfrei, so stellt Erziehung, welche nach Giesinger durch Fremdbestimmtheit, Determination und Zwang gekennzeichnet ist, eine Beschränkung seiner Freiheit dar. Somit kann der Mensch wiederum nicht als willensfrei bezeichnet werden, wenn er erziehbar ist (vgl. Giesinger, 2010, S. 422 und Hinrichs, 2007, S. 12).

## 3.2 Diskussion verschiedener Freiheitsbegriffe

Im Folgenden sollen zwei Freiheitsbegriffe auf ihre Eignung untersucht werden, das in Abschnitt 3.1 aufgezeigte Dilemma aufzulösen. Hierbei handelt es sich um die Freiheit als kausale Urheberschaft und die Freiheit als Fähigkeit aus Gründen zu handeln.

Betrachtet man das Konzept der Freiheit als kausaler Urheberschaft, so trifft man auf folgende Argumentation von Kant und Strawson. Einer Person Willensfreiheit zuzuschreiben kann demnach nur bedeuten, dass man sie als Erstauslöser ihrer Handlungen betrachtet. Sowohl Kant als auch Strawson stimmen hier in der Ansicht überein, dass Personen nur dann als moralisch verantwortlich für ihr Handeln zu betrachten sind, wenn sie dafür letztverantwortlich sind, d. h. wenn sie als kausale Urheber ihres Handelns zu betrachten sind. Nach Strawsons Argumentation ist die Idee der Letztverantwortung jedoch nicht haltbar (vgl. Giesinger, 2010, S. 425). Strawson bedient sich dabei folgender Logik. Ausgehend von der Grundannahme, dass Menschen handeln wie sie handeln, weil sie sind wie sie sind, folgert er, dass Menschen nur letztverantwortlich („ultimately responsible") für ihr Handeln sein können, wenn sie letztverantwortlich dafür sind, wie sie sind. Menschen können jedoch nicht letztverantwortlich für ihr Selbst sein, da dies zumindest teilweise durch Faktoren beeinflusst werde, die außerhalb ihrer Kontrolle liegen. Im vorliegenden Kontext wäre hier gerade die Erziehung als beeinflussender Faktor hervor zu heben (vgl. Strawson, 2002, S. 443 und Giesinger, 2010, S. 425).

Folgt man Strawsons Argumentation bleibt das Dilemma bestehen, dass eine Person, die pädagogisch fremdbestimmt, d. h. in ihren Wünschen und Wertvorstellungen durch ihre Erziehung beeinflusst ist, nicht als frei anzusehen ist. Somit lässt sich das vorliegende Dilemma nicht lösen, wenn man die Willensfreiheit als kausale Urheberschaft betrachtet (vgl. Giesinger, 2010, S. 425).

Im nächsten Schritt soll der Begriff der Freiheit als Fähigkeit aus Gründen zu handeln betrachtet werden. Dieser Freiheitsbegriff basiert auf der Annahme der Mensch könne nur dann als wahrhaft frei gelten, wenn er als kausale Quelle seins Tuns anzusehen ist. Ist dies nicht der Fall, so kann ihm sein Handeln nicht moralisch zugeschrieben werden (vgl. Giesinger, 2010, S. 425).

Damit Menschen im Sinne obiger Definition frei handeln können, müssten sie fähig sein Handlungen zu initiieren ohne selbst in einer kausalen Kette zu stehen. Dies wäre nur der Fall, wenn sie in ihren Handlungen nicht durch ihre persönliche Geschichte, ihre Persönlichkeit, ihre Wertvorstellungen oder ihre Überzeugungen determiniert wären. In diesem Fall wären die Handlungen des Menschen zwar als frei anzusehen, es stellt sich jedoch die Frage, ob es angemessen ist diese überhaupt noch als seine eigenen anzusehen. Die Auslösung der Handlung erfolgt hier völlig losgelöst von dem, was die handelnde Person ausmacht (vgl. Giesinger, 2010, S. 428).

Hieraus ergeben sich zwei Auffassungen darüber, wie man die Handlung einer Person als ihre eigene betrachten kann. Im ersten Fall wird eine Handlung einer Person zugeschrieben, wenn sie als kausale Urheberin der Handlung gilt, im zweiten Fall ist dies der Fall, wenn die Handlung mit der Identität der handelnden Person in Verbindung gebracht werden kann. Im zweiten Fall kann man jedoch nicht mehr von Freiheit sprechen, da hier die Handlung durch persönliche Merkmale und Verhaltensweisen determiniert wäre. Zur Freiheit würde zumindest gehören, zu den eigenen Wünschen, Werten und Impulsen Stellung zu nehmen, sie zu bewerten und sich gegebenenfalls von ihnen zu distanzieren. Daraus ergibt sich, dass Freiheit die Fähigkeit impliziert zu entscheiden, welche der eigenen Wünsche, Werte und Überzeugungen als Grundlage für Handlungen dienen können und welche nicht. Frei ist demzufolge derjenige, der seinen Willen von Gründen bestimmten lässt (vgl. Giesinger, 2010, S. 428).

Die Handlung einer Person, die auf der Grundlage der obigen Argumentation beruht, ist als die ihrige anzusehen, da sie aus Gründen geschieht, mit denen sie sich identifizieren kann. Gleichzeitig ist die Person frei ihn ihren Handlungen, da sie entweder auf der Grundlage von früher Gelerntem agieren oder sich um eine Reform ihrer bisherigen Überzeugungen und Wertvorstellungen bemühen kann (vgl. Giesinger, 2010, S. 428 f).

In Bezug auf das beschriebene Dilemma ergibt sich nun folgende Möglichkeit der Auflösung. Wenn Kinder Handlungen aus bestimmten Gründen initiieren, so würde sich die Möglichkeit einer pädagogischen Einflussnahme ergeben. Damit die Möglichkeit zur Erziehung besteht, müssen jedoch folgende Vorraussetzungen gegeben sein. Kinder müssen über die Fähigkeit verfügen ein System normativer Festlegungen aufzubauen und weiterzuentwickeln sowie für normative Kommunikation empfänglich sein. Erziehung wäre in diesem Sinne dadurch gekennzeichnet einem Kinde Gründe darzulegen. Der Erziehungserfolg wäre dann davon abhängig, ob das Kind zu einer pädagogischen Kommunikation bereit ist und ob es die jeweils kommunizierten Gründe akzeptiert. Das Dilemma lässt sich also lösen, indem die Begriffe Willensfreiheit und Erziehung aufeinander abgestimmt werden. Die Willensfreiheit wird in diesem Zusammenhang als die Fähigkeit aus Gründen zu handeln betrachtet, Erziehung versteht man als die Kommunikation von Gründen. Das Kind ist als willensfreies Wesen erziehbar, da es für normative Ansprüche empfänglich ist. Diese Ansprüche bestimmen die willensfreien Handlungen des Kindes, sofern sie von diesem akzeptiert werden (vgl. Giesinger, 2010, S. 430 f).

# 4 Fazit

In der vorliegenden Arbeit wurde die Frage behandelt inwieweit sich das Dilemma, welches sich bei der Verwendung der Begriffe Erziehung und Willensfreiheit ergibt, lösen lässt.

Dazu wurde als Einführung in die Thematik der Willensfreiheit zunächst das Libet-Experiment beschrieben, welches als Auslöser zahlreicher kontroverser Diskussionen zum Thema Willensfreiheit zu betrachten ist. Bei der Interpretation der Ergebnisse des Libets-Experimentes sind vor allem Christine Zunke sowie die Hirnforscher Roth, Singer und Prinz hervorzuheben.

Im darauf aufbauenden zweiten Teil wurde die Frage diskutiert, welche Konsequenzen sich aus der Annahme der Willensfreiheit für Pädagogik bzw. Erziehung ergeben. Hier wurde zunächst das Dilemma, welches sich zwischen Willensfreiheit und Erziehung ergibt, skizziert, wenn man von den traditionellen Begrifflichkeiten ausgeht. In diesem Fall ist der Begriff der Erziehung geprägt durch Fremdbestimmung, Determination oder Zwang (vgl. Giesinger, 2010, S. 421 f), was im Gegensatz zum Konzept der Willensfreiheit steht.

Aus diesem Grund wurden zwei alternative Freiheitsbegriffe - die Freiheit als kausale Urheberschaft und die Freiheit als Fähigkeit aus Gründen zu handeln - auf ihre Eignung untersucht das Dilemma aufzulösen. Diese Auflösung gelang beim Freiheitsbegriff als Fähigkeit aus Gründen zu handeln. Der Begriff der Erziehung wurde in diesem Fall so abgestimmt, dass er als die Vermittlung von Gründen zu verstehen ist (vgl. Giesinger, 2010, S. 430 f).

Die Beantwortung der Frage, ob Willensfreiheit und Erziehung kompatibel sind, hängt also davon ab, wie die beiden Begriffe definiert werden. Sie lassen sich wie beschrieben in Einklang bringen, wenn sie als die Vermittlung von Gründen bzw. die Handlung durch

Gründe verstanden werden. In diesem Fall impliziert die Willensfreiheit als Fähigkeit aus Gründen zu handeln jedoch auch die Möglichkeit vorgeschlagene Gründe zurückzuweisen. Sie ist daher nicht mit der Idee der Erziehung als pädagogischer Determination vereinbar (vgl. Giesinger, 2010, S. 435 f).

Abschließend soll bemerkt werden, dass sich bei den Ansichten von Libet und Giesinger zur Willensfreiheit durchaus Parallelen zwischen ihren Freiheitsbegriffen erkennen lassen. Sowohl bei Libets Annahme des Vetos als auch bei den Ausführungen Giesingers zur Freiheit als Fähigkeit aus Gründen zu handeln drückt sich die Freiheit eines Menschen durch die Möglichkeit aus determinierte Handlungen zu verweigern. Im Falle Libets ist es die Möglichkeit Handlungen, die vom Gehirn eingeleitet werden, durch ein Veto zu verhindern. Die freie Willensbildung bedeutet in diesem Fall, dass die impulshafte Handlung entweder ausgeführt oder verhindert werden kann. In Giesingers Fall ist es die Möglichkeit zu entscheiden, welche der eigenen Wünsche, Werte und Überzeugungen als Grundlage für Handlungen dienen können und welche nicht.

# Literatur

**Giesinger, J. (2006):** Erziehung der Gehirne? Willensfreiheit, Hinrforschung und Pädagogik. Zeitschrift für Erziehungswissenschaft, Vol. 9, Nr. 1, S. 97–109

**Giesinger, J. (2010):** Die Vereinbarkeit von Willensfreiheit und Erziehung. In: Zeitschrift für Erziehungswissenschaft, Vol. 13, Nr. 3, S. 421–435

**Habermas, J. (2007):** Freiheit und Determinismus. In: Hirn als Subjekt? Deutsche Zeitschrift als für Philosophie Sonderband 15 S. 101-120

**Haggard, P. und Eimer, M. (1999):** On the relation between brain potentials and the awareness of voluntary movements. In: Experimental Brain Research, Vol. 126, Nr. 1, S. 128–133

**Hinrichs, W. (2007):** Problematik der Willensfreiheit zwischen Kosmologie, Anthropologie und Pädagogik. Das Journal des PROFESSOREN In: Das Journal des Professorenforum, Vol. 8, Nr. 3, S. 12–22

**Kornhuber, H. und Deecke, L. (1965):** Hirnpotentialänderungen bei Willkürbewegungen und passiven Bewegungen des Menschen: Bereitschaftspotential und reafferente Potentiale. In: Pflüger's Archiv für die gesamte Physiologie des Menschen und der Tiere, Vol. 284, S. 1–17

**Libet, B. (1985):** Unconscious cerebral initiative and the role of conscious will in voluntary action. In: The behavioral and brain sciences, S. 529-566

**Libet, B. (1999):** Do We Have Free Will? In: Journal of Consciousness Studies, Vol. 6, S. 47–57

**Libet, B. (2003):** Can Conscious Experience Affect Brain Activity? Journal of Consciousness Studies, Vol. 10, Nr. 12, S. 24–28

**Prinz, W. (2004):** Kritik des freien Willens: Bemerkungen über eine soziale Institution. In: Psychologische Rundschau, Jg. 55, Heft 4, S. 198–206

**Roth, G. (2004):** Wir sind determiniert. Die Hirnforschung befreit von Illusionen. In: Hirnforschung und Willensfreiheit. Zur Deutung der neuesten Experimente, S. 218-222

**Singer, W. (2004):** Verschaltungen legen uns fest: Wir sollten aufhören von Freiheit zu sprechen. In: Hirnforschung und Willensfreiheit. Zur Deutung der neuesten Experimente, S. 30-60

**Speck, O. (2009):** Hirnforschung und Erziehung. Reinhardt

**Strawson, G. (2002):** The Bounds of Freedom. In: The Oxford Handbook of Free Will S. 441-460

**Zunke, C. (2008):** Kritik der Hirnforschung. Neurophysiologie und Willensfreiheit. Akademie Verlag